Kinderspiele
für
kluge Köpfe

Schwager & Steinlein

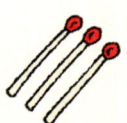

Inhalt

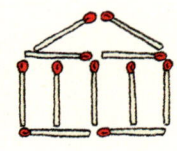

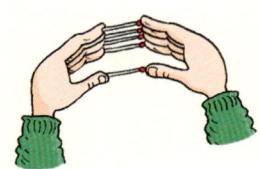

Tüfteleien – nicht immer ganz ernst gemeint

Auf den nächsten Seiten gibt es bunt gemischte Scherzfragen, lustige Rätsel und erstaunliche Rechenexempel.

Geht das denn?

Mona besucht den Zoo, in Begleitung. Die bleibt plötzlich stehen und sagt: „Ist doch wirklich erstaunlich: Du bist meine einzige Tochter, und trotzdem bin ich nicht deine Mutter!" Mit wem war Mona denn bloß im Zoo?

Ach so!

Krach im Saloon: Jimmy macht Randale und schlägt alles kurz und klein. Der Sheriff bringt ihn in sein Büro. Da geht die Tür auf und der Hilfssheriff bringt einen Mann, der bei einem Banküberfall geschnappt wurde und Johnny heißt. Der sieht Jimmy zum Verwechseln ähnlich. Bei der Vernehmung stellt sich heraus, dass die beiden im selben Ort zur selben Zeit von derselben Mutter geboren wurden. Trotzdem bestreiten beide hartnäckig, Zwillinge zu sein. Der Sheriff versteht die Welt nicht mehr! Wie kann das sein?

Im alten England

In England stehen drei vornehme Schlösser. Das erste hat drei Schornsteine auf dem Dach. Das zweite hat einen riesigen Kamin und noch zwei große Schornsteine dazu. Zum dritten Schloss gehören sogar zwei riesige Kamine und ein zusätzlicher Schornstein. Was hat das wohl zu bedeuten?

Feueralarm!

Die Sirene heult: Neun Feuerwehrmänner springen hoch, ziehen ihre neun Jacken an, streifen neun Hosen über, zurren neun Gürtel fest, schlüpfen in neun Stiefel, setzen neun Helme auf, nehmen neun Schläuche und laufen zum Feuer. Aber sie kommen nicht nah genug heran, denn jeder zweite Schritt brennt wie Feuer. Was ist da los?

Alter ab 7

Was bin ich?

Scheint die Sonne, bleib ich zu Haus',
schau' nicht mal zum Fenster raus.
Wenn der Himmel weint und Regen fällt,
schleich' ich raus in meine Welt.
Eile
mit Weile.
Was bin ich?

Nächtlicher Besuch

Ich komme zu euch in der Nacht,
hab schon viele um den Schlaf gebracht.
Der eine fängt zu schwärmen an,
weil er mich so gut sehen kann.
Der andere zieht den Vorhang zu
und sagt: „Du stiehlst mir meine Ruh'!"
Was bin ich?

Echt haarig!

Weshalb fressen weiße Schafe mehr als schwarze Schafe?

Das gibt's doch gar nicht!

Ich hab' etwas in der Tasche und doch ist nichts drin. Was ist das?

Hai-Alarm!

Welchen Satz hört der Hai am liebsten?

Schwergewichtig!

Was ist schwerer? Ein Kilo Federn oder ein Kilo Gold?

Wer weiß es?

Wie viele Erbsen passen in ein leeres Glas?

Na logisch!

Heute ist der fünfte Tag. Welcher Tag ist übermorgen, wenn Samstag der zweite Tag ist?

Montag	Dienstag	Mittwoch	Donnerstag
Freitag	Samstag	Sonntag	

Die Wettfahrt

Zwei Radfahrer starten zu einer Wettfahrt von Hamburg nach Lüneburg. Der eine wählt den direkten Weg über die Bundesstraße und schafft die Strecke in 1 Stunde und 30 Minuten. Der andere kennt eine Abkürzung über die Dörfer und trifft nach 90 Minuten am Ziel ein. Wer von beiden hat gewonnen?

Mein Kombi, mein Cabrio, mein Jeep

Lars, Max und Malte besitzen je ein Auto. Einer hat ein Cabrio,
einer einen Jeep und einer einen Kombi. Einer parkt seinen Wagen
auf der Straße, einer in der Garage und einer auf dem Parkplatz.

Lars parkt seinen Wagen auf einem Parkplatz.
Max besitzt kein Cabrio.
Der Jeep steht immer auf der Straße.
Der Kombi parkt nicht in einer Garage.

Qualmen schon die Köpfe?
Hier nun die Frage:
Wer fährt welches Auto?

Alter ab 7

Es geht!

Acht Gläser stehen in einer Reihe. Nur jedes zweite ist gefüllt, die anderen sind leer. Wie kann man alle leeren Gläser auf die eine Seite schaffen und alle vollen auf die andere, wenn nur zwei Gläser berührt werden dürfen? In der Reihe soll keine Lücke entstehen!

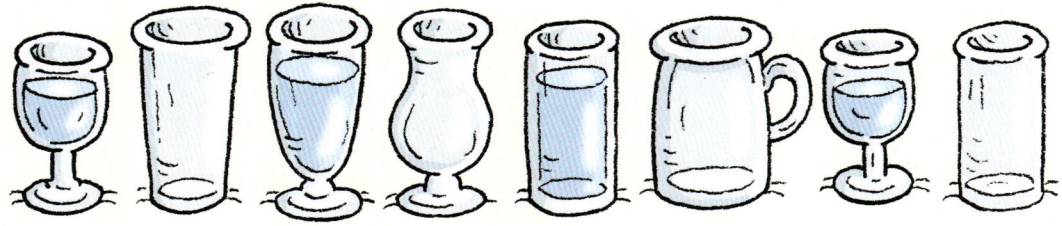

Wegbeschreibung

Von Oberaudorf über Audorf nach Unteraudorf sind es 45 Kilometer. Die Strecke von Unteraudorf nach Audorf ist um 15 Kilometer kürzer als die von Oberaudorf nach Audorf. Wie weit ist es dann von Oberaudorf nach Audorf?

Spieler mind. 1

Alter ab 7

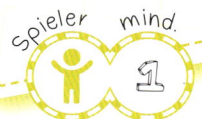

Pizza satt!

Mona hat für sich und ihre Freundinnen eine runde Riesenpizza bestellt und sie sofort in sechs gleich große Stücke geteilt. Da fällt zwei der Mädchen ein, dass sie erst vor einer Stunde gegessen haben und daher noch satt sind. Sie stellen ihren Anteil zur Verfügung. Wie lässt sich die Pizza mit nur einem weiteren Schnitt so aufteilen, dass die restlichen vier Mädchen gleich viel davon bekommen?

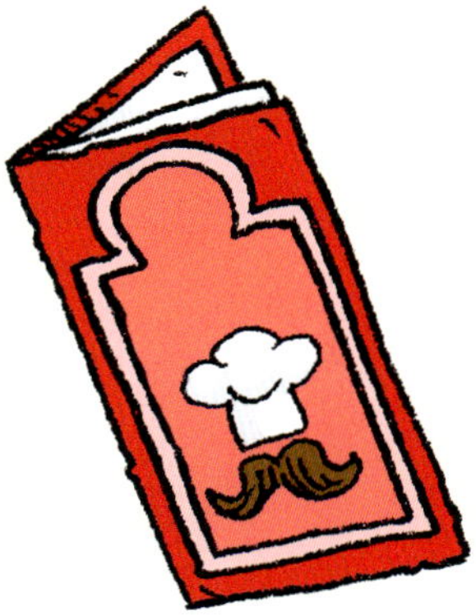

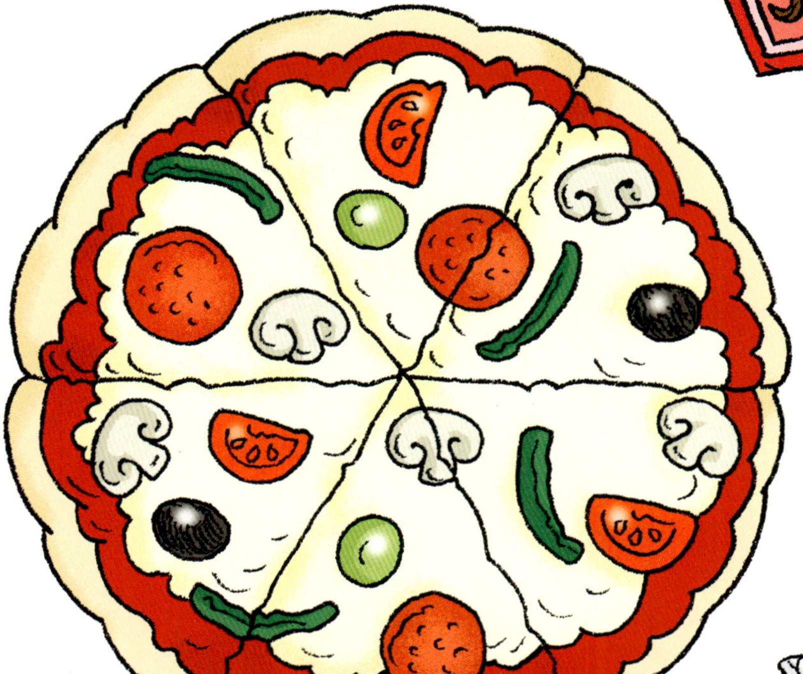

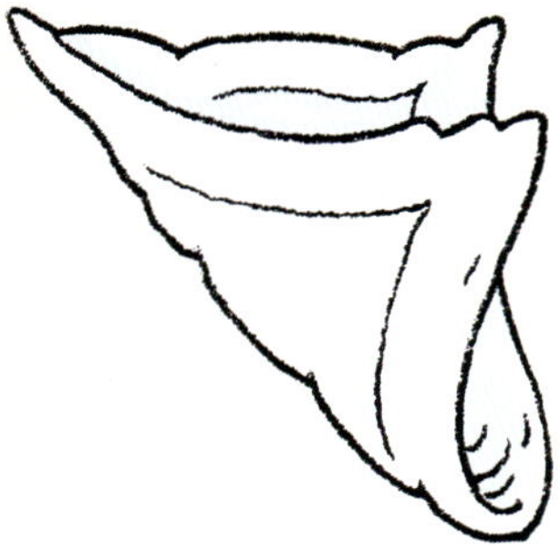

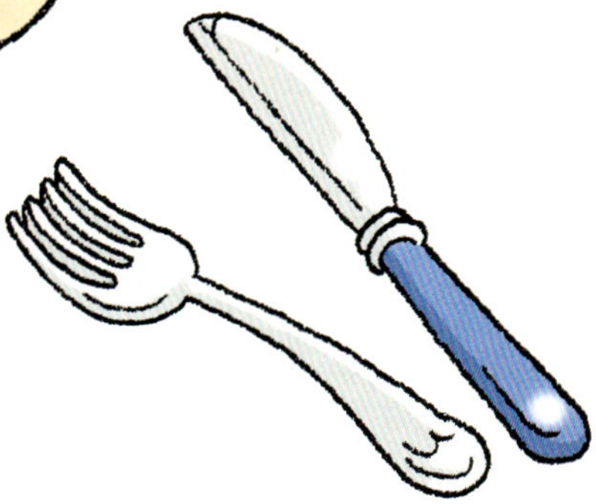

Spieler mind. 1

Alter ab 7

Familientreffen

Großvater, Vater und Enkel wollen sich ein Bier genehmigen. Der Wirt zeigt auf den Jungen und fragt: „Ist der denn schon alt genug?" „Das können Sie sich leicht selbst ausrechnen!", antwortet der Großvater munter. „Mein Sohn und ich sind zusammen 117 Jahre alt. Mein Sohn und mein Enkel sind zusammen 62 und mein Enkel und ich bringen 91 Jahre zusammen." Da muss der Wirt schon scharf nachdenken, aber schließlich kommt er auf die Lösung.

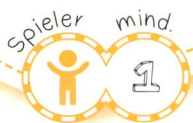

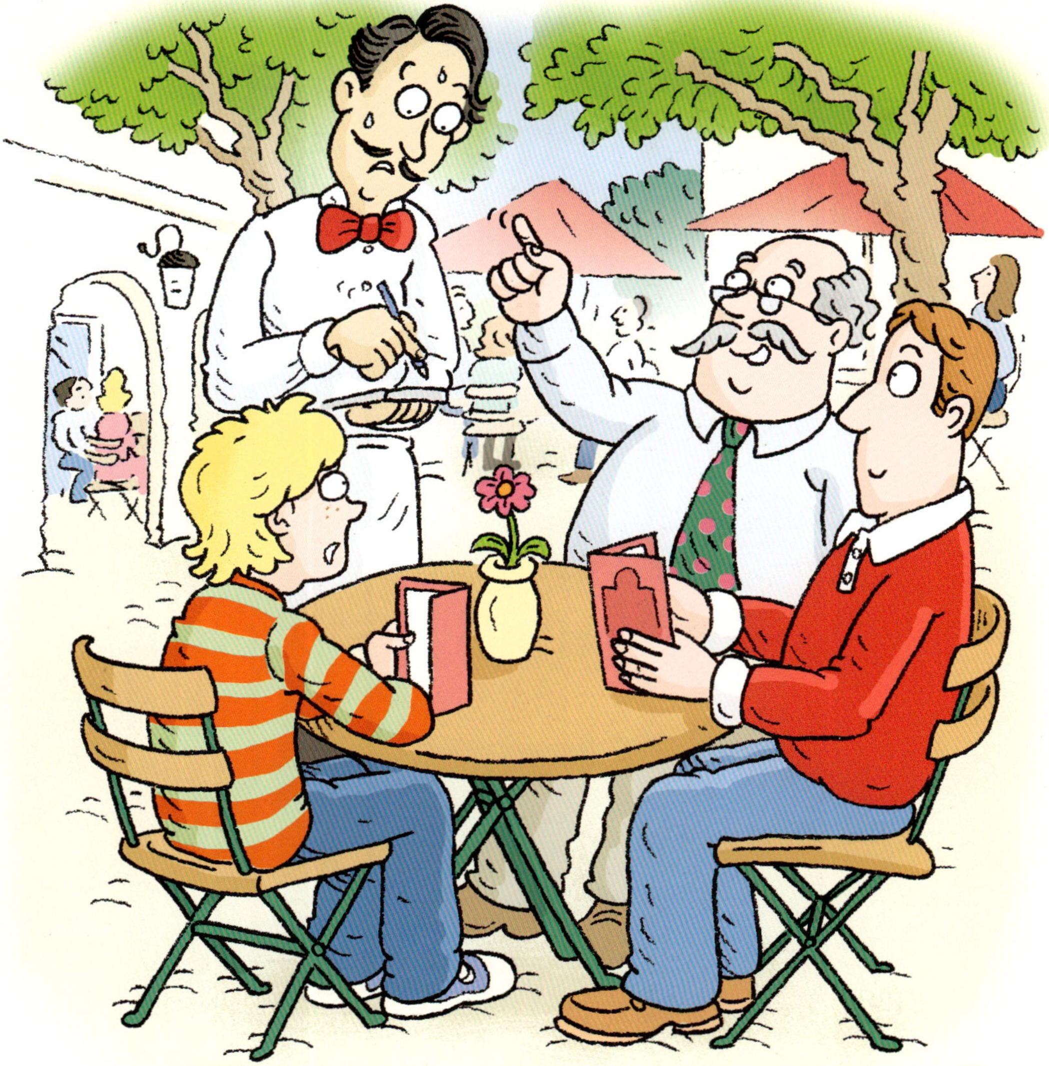

Mit Ach und Krach

Ein altersschwaches kleines Auto kriecht mit 60 Stundenkilometern
einen steilen Berg hoch und braucht dazu 10 Minuten. Auf dem
Scheitelpunkt angekommen, gewinnt die alte Kiste richtig
an Fahrt und braust mit doppelter Geschwindigkeit den
Berg wieder hinunter. Aber auch das dauert 10 Minuten.
Wie viele Kilometer musste das Auto zurücklegen,
um den Hügel zu überwinden?

Oben drüber oder unten durch?

Der Huber-Toni ist mal wieder spät dran, dabei muss er heute wirklich ganz pünktlich im Sägewerk erscheinen. Von seinem Gebirgshof
kann er über die Passstraße
dorthin fahren, dann ist die
Strecke 30 km lang. Durch
den Tunnel wird der Weg
auf 15 km verkürzt, aber
man muss mit 10 Minuten
Wartezeit vor der Tunnel-
Ampel rechnen. Auf beiden
Strecken gilt ein Tempolimit
von 60 km/h. Welchen Weg
sollte der Huber-Toni wählen,
damit er wirklich schnell
zur Arbeit kommt?

Familie Neureichs neue Terrasse

Im Park der Familie Neureich liegt, losgelöst vom Haus, eine große Terrasse unter alten Bäumen. Da Frau Neureich neue, aber dummerweise sehr große Gartenmöbel angeschafft hat, ist die Terrasse plötzlich zu klein. Eine Vergrößerung könnte bedeuten, dass die schönen Bäume gefällt werden müssen. Das will Herr Neureich auf keinen Fall. Wie kann man unter Beibehaltung der quadratischen Form die Terrasse deutlich vergrößern, ohne die Bäume zu fällen?

Ungewöhnlicher Zaunbau

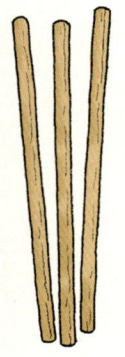

Auf dem Gelände eines Hunde-Trainingsplatzes sind fünf Hütten errichtet worden, die eine getrennte Unterbringung der Hunde gewährleisten sollen. Dazu müssten die Hütten eigentlich auch noch eingezäunt werden. Dummerweise sind von der Holzhandlung aber nur drei Latten und keine Eckpfähle geliefert worden. Wie kann man trotzdem Zäune errichten, die alle fünf Hundehütten wirkungsvoll voneinander trennen?

Kleine Hölzchen, große Rätsel

Jetzt folgen Denk- und Geschicklich- keitsspiele mit Streichhölzern.

Der Kräutergarten

Ein quadratisches Stück Gartenland (aus 16 Streichhölzern gelegt) soll in einen traditionellen Kräutergarten mit sym- metrisch angelegten Beeten umgewandelt werden. Obwohl der Brunnen (aus vier Streichhölzern gelegt) nicht in der Mitte liegt, lassen sich vier gleich große, gleich geformte Beete abteilen. Dabei entsteht noch ein fünftes, das dieselbe Form hat wie die vier anderen.

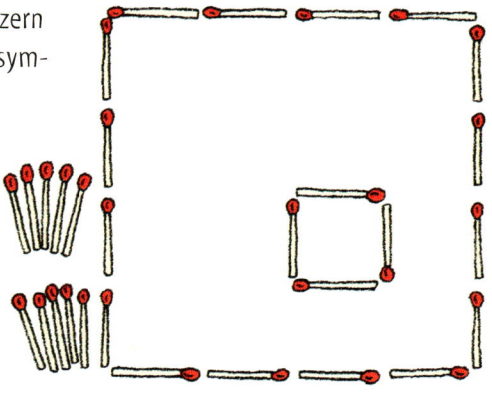

Eine kleine Hilfestellung: Man benötigt insgesamt zehn Hölzchen, um die nötigen Trennlinien zu ziehen.

Der mystische Tempel

Die abgebildete Tempel-Front ist aus elf Streichhölzern gelegt. Verändert man die Position von nur zwei Hölz- chen, erhält man elf Quadrate. Eines davon erkennt man allerdings erst auf den zweiten Blick!

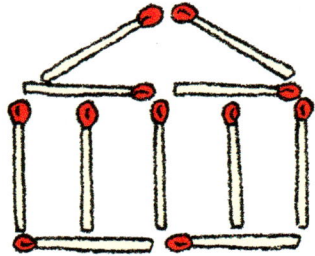

Alter ab 7

Pfiffiger Architekt

Eine Frau erbt eine kleines Häuschen mit sechs quadratischen, aber winzigen Kammern. Sie zeichnet sich den Grundriss auf (aus 17 Streichhölzern gelegt) und überlegt, wie das Haus für sie bewohnbar werden könnte.

Die Erbin beauftragt einen Architekten damit, das Haus so umzugestalten, dass es neben einem – natürlich separaten – kleinen Badezimmer nur noch aus einem Raum besteht. Der Architekt erfüllt den Auftrag, indem er sechs Wände durchbricht. Wie sieht der Grundriss des Hauses danach aus?

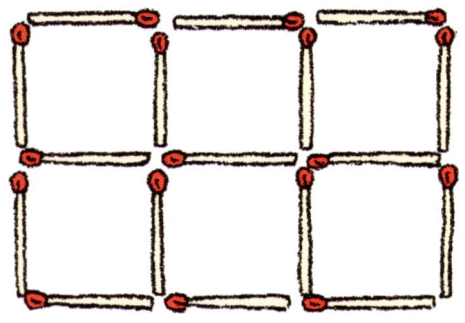

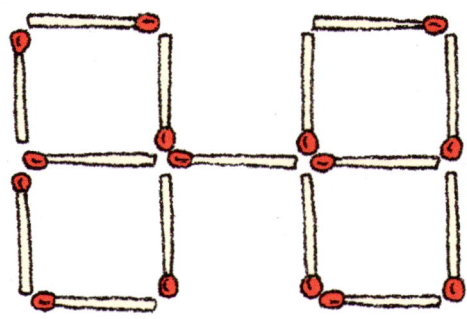

Holz gespart!

Ein Bauer hat aus 15 Latten vier quadratische Koppeln für seine vier Bullen gebaut (aus 15 Streichhölzern gelegt). Als er vorübergehend einen fünften von seinem Nachbarn in Pflege nimmt, will er nicht extra neues Holz kaufen, um damit eine weitere Koppel einzuzäunen. Trotzdem müssen alle Tiere getrennt untergebracht werden.

Nach kurzer Überlegung hat der sparsame Bauer die Lösung gefunden: Nur durch den Umbau zweier vorhandener Latten stellt er eine fünfte Koppel für den tierischen Gast zur Verfügung. Wie hat er das gemacht?

Mehr Auslauf

Eine Bäuerin hat für ihre Gänse einen sehr eigenwillig geformten Auslauf aus 22 Zaunelementen angelegt (22 Streichhölzer). Als die ersten Küken herangewachsen sind, zeigt sich, dass der Platz nun nicht mehr ausreicht. Wie muss die Bäuerin ihre 22 Elemente aufbauen, damit eine dreimal größere Fläche entsteht? Kleine Hilfestellung: Ein Zaunelement misst einen Meter in der Breite.

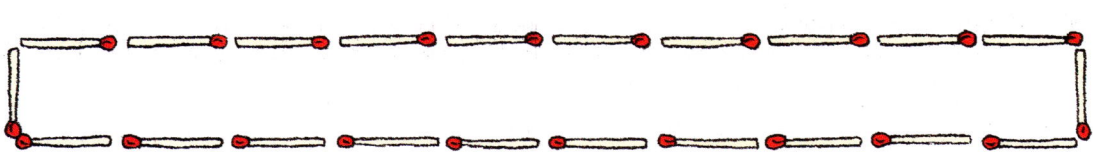

Die Maus zieht aus!

Max hält acht niedliche Mäuse als Haustiere. Jede Maus hat ihren eigenen Käfig. Nun möchte Max für etwas Abwechslung sorgen: Die Tiere sollen deshalb „umziehen". Bisher wurden die vier schwarzen und die vier weißen Tiere nach Farben getrennt links und rechts von einer freien Box gehalten. Nun sollen die schwarzen Mäuse in die Käfige der weißen umziehen und umgekehrt. Doch zu keinem Zeitpunkt sollen zwei Tiere gleichzeitig in einem Käfig sitzen. Außerdem darf immer nur eine Box übersprungen und keine Maus soll zurückbewegt werden. Wie ist diese Aufgabe zu lösen?

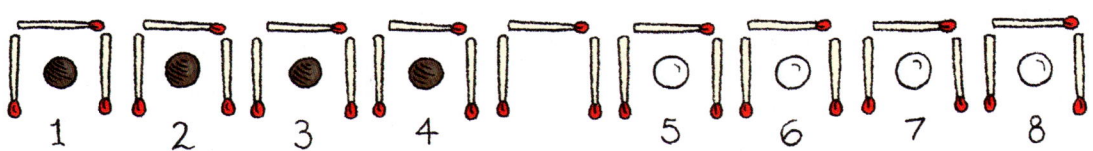

Spielerei mit Quadraten

Quadratomanie

Aus zwölf Streichhölzern werden vier gleich große Quadrate auf den Tisch gelegt, wie es in der Abbildung links zu sehen ist. Diese Quadrate lassen sich durch kleine Veränderungen in eine Vielzahl neuer Quadrat-Formationen verwandeln. Wer findet die Lösungen?

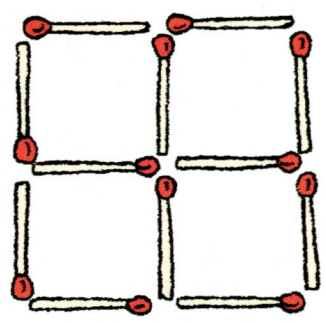

A Aus den vieren entstehen drei Quadrate, wenn man die Lage dreier Hölzchen verändert.

B Werden zwei Streichhölzchen weggenommen, entstehen aus den vier Quadraten zwei.

C Vier kleine und drei große Quadrate entstehen, wenn man zwei Streichhölzer anders hinlegt.

D Unter Hinzunahme von vier weiteren Streichhölzern lassen sich zehn Quadrate legen: ein großes, fünf mittlere und vier kleine.

Um die Ecke gedacht

Aus 22 Streichhölzern wird die unten abgebildete
Figur aus acht gleich großen Quadraten gelegt.
Wer kann die Aufgaben A, B und C lösen?

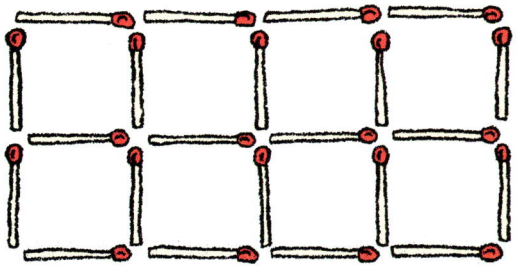

A Nimmt man vier Hölzchen weg,
bleiben nur noch fünf Quadrate übrig.

B Vier Quadrate werden es,
wenn man zehn Streichhölzer wegnimmt.

C Aber auch, wenn sieben Hölzchen fehlen,
bleiben vier Quadrate übrig.

Kreuz und quer

Aus 19 Streichhölzern wird ein Kreuz gelegt,
das aus sechs gleich großen Quadraten besteht.
Verändert man die Position von acht Hölzchen,
erhält man vier Quadrate.

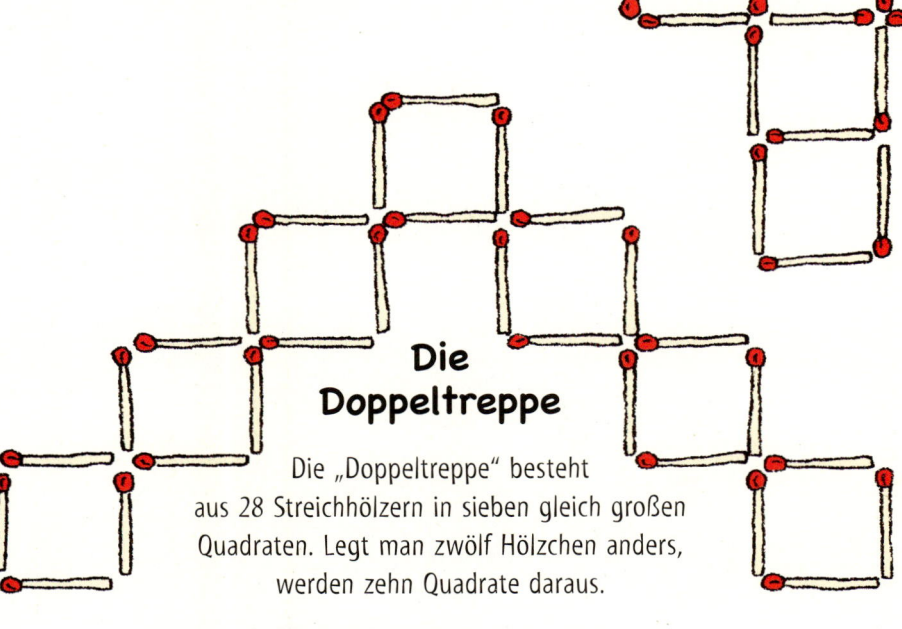

Die Doppeltreppe

Die „Doppeltreppe" besteht
aus 28 Streichhölzern in sieben gleich großen
Quadraten. Legt man zwölf Hölzchen anders,
werden zehn Quadrate daraus.

Geschicklichkeitsspiele

Zugepackt

Auf dem Tisch liegen fünf Streichhölzer, die nacheinander mit beiden Daumen, beiden Zeigefingern, beiden Mittelfingern, beiden Ringfingern und zuletzt auch mit beiden kleinen Fingern aufgenommen werden sollen. Zum Schluss sind demnach alle fünf Fingerpaare durch je ein Streichholz verbunden. Wer schafft das, ohne bei der Aufnahme der letzten Hölzchen die ersten schon wieder aus dem Griff zu verlieren?

Training der Finger-
fertigkeit mit
Streichhölzern

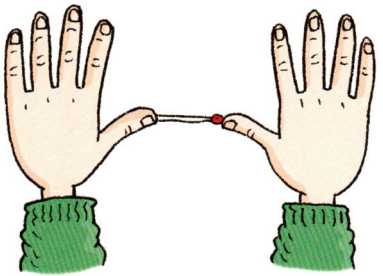
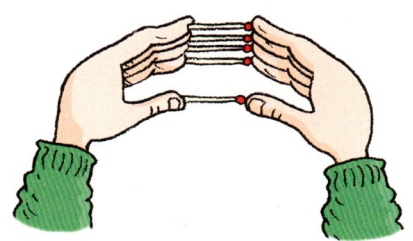

Ein kleines Wunder

Wie kann man mit einem einzigen Streichholz 15 weitere hochheben? Ganz einfach: Ein Streichholz liegt auf dem Tisch. 13 Hölzchen werden so darauf geschichtet, dass ihre Köpfe abwechselnd links oder rechts in die Höhe ragen. So entsteht eine Rinne, in die man das 15. Streichholz legt. Ganz vorsichtig und mit Bedacht kann man die ganze Konstruktion nun mit dem untersten Streichholz hochheben.

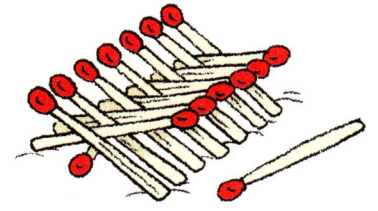

Spieler mind. 1

Alter ab 7

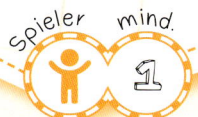

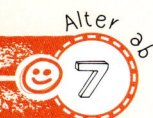

Streichholz-Bock

Aus sechs Streichhölzern lässt sich ein stabiles Gebilde bauen, das auf vier Streichholzköpfen wie ein Bock fest auf dem Tisch steht.

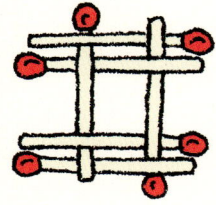

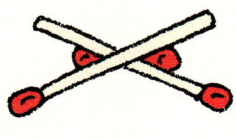

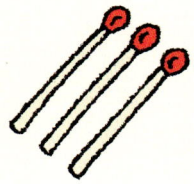

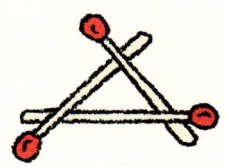

Abgehoben

Drei Streichhölzer sind so auf den Tisch zu legen, dass keiner der Köpfe die Tischplatte berührt.

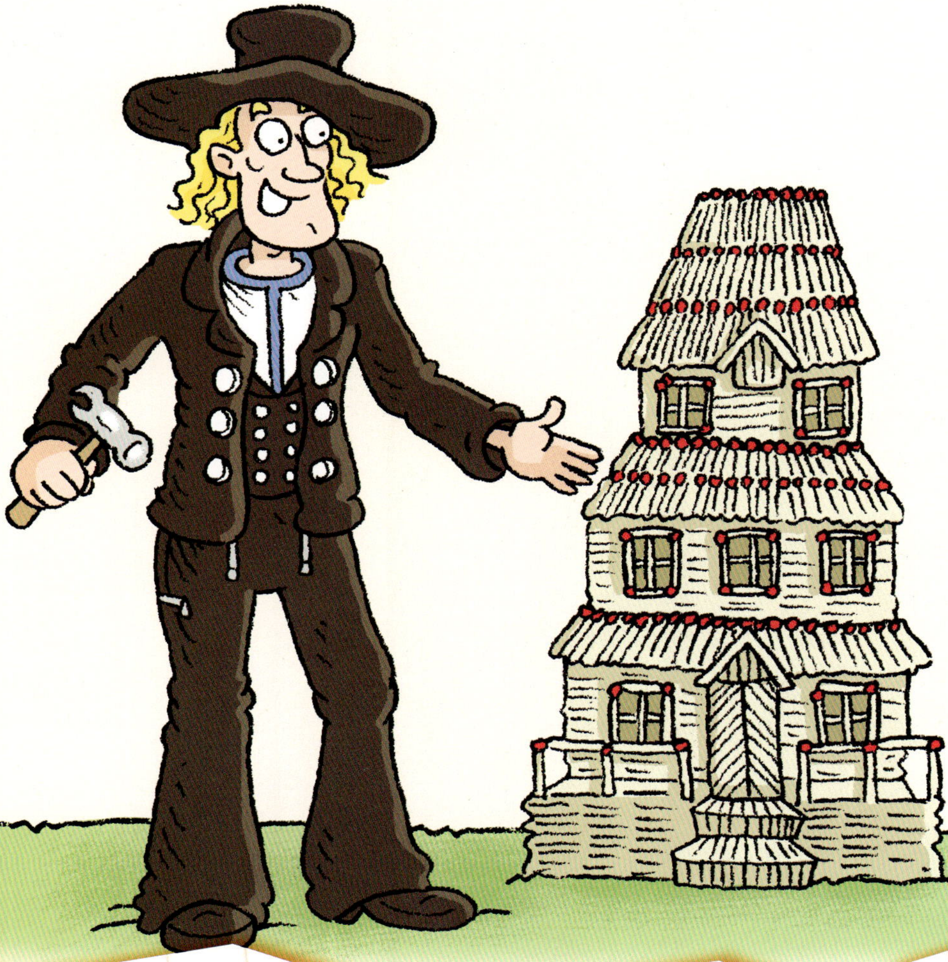

Zaubertrick: Die Rose von Jericho

Fünf Streichhölzer werden in der Mitte geknickt. Diese „Vs" werden mit den Bruchstellen gegeneinander gelegt. Wie kann man dieses Strahlenbündel zu einem Stern „aufblühen" lassen?

Material
- ✔ fünf Streich-hölzer
- ✔ etwas Wasser

Einfacher Trick, große Wirkung!

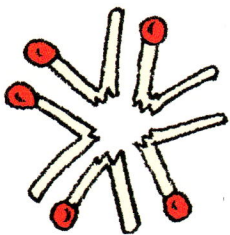

Das macht man so:

Man lässt vorsichtig einen dicken Wasser-tropfen in die Mitte des Strahlenbündels auf die Bruchstellen der Streichhölzer fallen. Durch das Wasser quillt das Holz – der Stern blüht auf.

Zaubertrick: Sternfahrt

Material

- ✔ eine Schüssel
- ✔ etwas Wasser
- ✔ ein paar Streichhölzer
- ✔ ein Blatt Papier
- ✔ etwas Seife
- ✔ etwas Zucker

Dieser Zaubertrick sorgt garantiert für Aufsehen!

Eine kleine Schüssel wird mit Wasser gefüllt. Sobald sich die Wogen geglättet haben, lässt man die Streichhölzer vorsichtig zu Wasser und ordnet sie so an, dass sie eine Art Stern bilden. Die Streichholzköpfe zeigen dabei in die Mitte. Berührt man mit einem „Zauberstab" das Wasser im Zentrum der Streichholzköpfe, driften die Hölzer auseinander. Durch eine zweite Berührung kann man sie sternförmig wieder in der Mitte zusammenschwimmen lassen.

Natürlich ist dies keine echte Zauberei, es steckt vielmehr ein Trick dahinter! Und dieser braucht ein klein wenig Vorbereitung, die man am besten erledigt bevor die Zuschauer oder Besucher eintreffen: Das wichtigste Element ist der Zauberstab. Dabei handelt sich um ein sehr eng aufgerolltes Stück Papier. Aber das ist noch nicht alles: In eine der beiden winzigen Öffnungen des Röllchens schmiert man etwas Seife. Die lässt die Streichhölzer auseinanderstreben. In die andere Öffnung steckt man ein winziges Stück Zucker. Das lässt die Hölzchen wieder zur Mitte schwimmen.

Übrigens: Dieses Phänomen lässt sich wissenschaftlich erklären: Die Seife sorgt dafür, dass sich die Oberflächenspannung des Wassers verringert. Am Außenrand der Schüssel bleibt sie jedoch erhalten und zieht die Streichhölzer deshalb nach außen. Der Zucker wiederum zieht das Wasser an, wodurch ein Sog zur Mitte hin entsteht.

Der Zauberbecher

Am besten führt man den Trick über einem Waschbecken oder der Badewanne durch, für den Fall, dass doch mal etwas danebengeht. Das Glas wird sehr vorsichtig ganz bis zum Rand mit Wasser gefüllt. Nun legt man das Blatt Papier auf das Glas und drückt es mit der Handfläche gegen den Rand. Dann dreht man das Glas um und lässt das Papier los, sodass man das Glas nur noch mit einer Hand hält. Das Kunststück ist vollbracht! Denn das Wasser fließt erst aus dem Glas, wenn das Papier völlig durchnässt ist.

Bei diesem Zaubertrick kann man ein mit Wasser gefülltes Glas auf den Kopf drehen, ohne dass das Wasser aus dem Glas fließt!

Übrigens: Hier wirken mehrere Kräfte zusammen: Das feuchte Papier hält das Glas so dicht, dass keine Luft eindringen kann. Daher kann auch kein Wasser auslaufen, da sonst im Innern des Glases ein Vakuum entstehen würde. Es ist aber nicht dieses Vakuum, das das Papier an das Glas „saugt", sondern es ist der Luftdruck, der von außen drückt und dadurch das Papier an das Glas presst. Der Druck, den die Luft von außen ausübt, ist viel größer als der Druck des Wassers im Inneren des Glases.

Alter ab

6

Das Tangram-Ei

Das Tangram ist ein uraltes Spiel aus China. Tangram-Spiele gibt es in unterschiedlichsten Formen, einige sind eckig, andere rund oder sogar eiförmig. Aus so einem Tangram-Ei können im Nu viele, viele kleine Vögel „schlüpfen". Das geht so:

Zunächst muss man sich ein Tangram-Ei basteln. Als Vorlage dient das Ei auf der linken Seite. Am schnellsten geht es, wenn man die Vorlage am Kopierer kopiert, dann das Ei ausschneidet und auf bunten Tonkarton legt. Mit einem spitzen Bleistift fährt man zunächst die äußere Eiform nach und überträgt sie so auf den Karton. Dann zieht man die Linien innerhalb des Eis nach und drückt den Bleistift dabei ganz fest auf – so zeichnen sich die Linien auf dem Karton ab. Jetzt kann das Ei mit einer Schere ausgeschnitten werden. Anschließend zerteilt man es in neun Teile, indem man entlang der Linien schneidet. Wer keinen Kopierer zur Hand hat, paust die Vorlage mit Transparent- oder Butterbrotpapier ab und verfährt danach wie beschrieben.

Und dann kann es losgehen! Ziel des Spiels ist es, vorgegebene Figuren (hier Vögel) mit den Tangram-Teilen, den „Tans", nachzulegen. Dazu müssen immer alle Tans verwendet werden. Damit man die Tans auch mal spiegelverkehrt einsetzen kann, sollte der Tonkarton beidseitig farbig bedruckt sein!

Auf der folgenden Doppelseite gibt es Vorlagen zu vielen verrückten Vögeln! Wer schafft es, alle Vögel nachzulegen? Wer erfindet vielleicht sogar neue Vögel oder ganz andere Figuren?

Ein Figurenlegespiel, das man ganz leicht selbst basteln kann

Material

✔ beidseitig farbig bedruckter Tonkarton
✔ Lineal
✔ Bleistift
✔ Schere
✔ evtl. Transparent- oder Butterbrotpapier

Tipp: Das Spiel eignet sich für Einzelspieler ebenso wie für kleinere Gruppen. Mit etwas Übung lassen sich auch Wettkämpfe austragen, bei denen die Formen auf Zeit gelegt werden.

Das Tangram-Quadrat

Material

- ✔ beidseitig farbig bedruckter Tonkarton
- ✔ Lineal
- ✔ Bleistift
- ✔ Schere
- ✔ Transparent- oder Butterbrot- papier

Wer immer noch nicht genug von Tangramen hat und nach neuen Herausforderungen sucht, kann sich ja mal am Tangram-Quadrat versuchen. Das Prinzip ist dasselbe. Wer schafft es, die rechts abgebildeten Formen am schnellsten nachzulegen?

Hier die Vorlage für das Tangram-Quadrat:

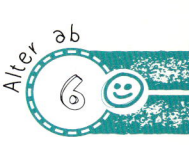

Bilder-Sudokus

Logik-Rätsel für Querdenker

Sudoku 1

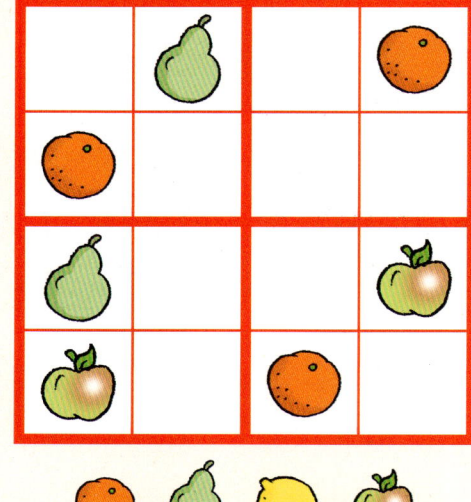

Sudoku 2

Die Sudokus löst man so: Alle Felder sollen gefüllt werden. Dabei darf jedes der jeweils vier Motive aber nur je einmal in jeder Zeile, in jeder Spalte und in jedem dick umrahmten Block vorkommen. Puh, ganz schön knifflig. Wer schafft es trotzdem?

Sudoku 3

Sudoku 4

Alter ab 6

Zahlen-Sudokus

Sudoku 1

4		2	1
1	2		
			3
3	4		

Sudoku 2

2		4	
	4		
			2
4			1

Zahlen-Sudokus funktionieren genauso wie Bilder-Sudokus.
Nur dass man die Felder eben mit Zahlen statt mit Bildern füllt.
Jede Zahl darf nur je einmal in jeder Zeile, in jeder Spalte und
in jedem dick umrahmten Block vorkommen. Bei den Sudokus
1 und 2 geht es darum, die Zahlen 1 bis 4 einzufügen. Beim
Sudoku 3 soll man je Block die Zahlen 1 bis 9 einfügen.

Ein Sudoku für Fortgeschrittene!

Sudoku 3

2			5		8		7	6
7		6		4	1	5		2
	1	8	6	7		9	3	
	6	2		1	5	8		3
8	5		4	6			2	1
4		1			3	6	9	
	2	5		3	7	4	6	
	4	7	9	5		2		8
6	8		1		4			7

Bilder-Logikrätsel

Für die folgenden Rätsel sind genaues Hinsehen und Logik gefragt!

Welcher Würfel wurde wohl aus dem Bastelbogen gefaltet?

A

B

C

D

Das Quadrat oben wurde gedreht. Welches der rechts abgebildeten Quadrate ist es?

A

B

C

D

E

F

Wie viele von den kleinen Würfeln fehlen,
um einen vollständigen großen Würfel zu erhalten?

Welche Zahl muss man anstelle des Fragezeichens einsetzen,
wenn die Logik aus den linken vier Zahlen übernommen werden soll?

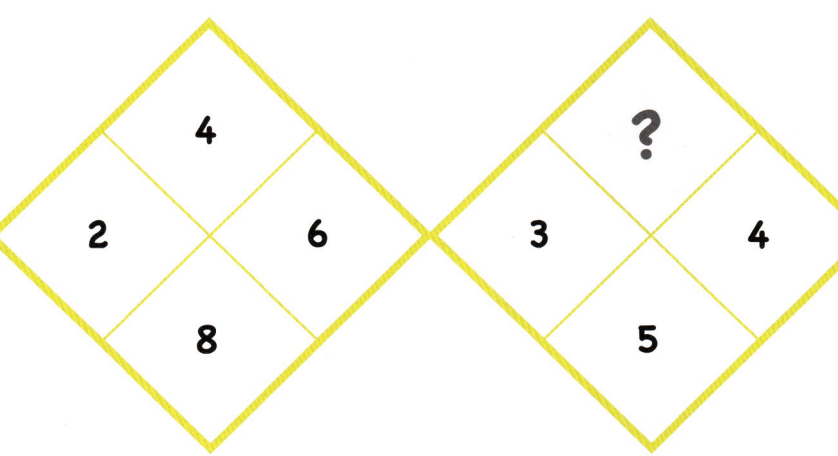

Welcher Würfel wurde wohl aus dem Bastelbogen gefaltet?

A  B

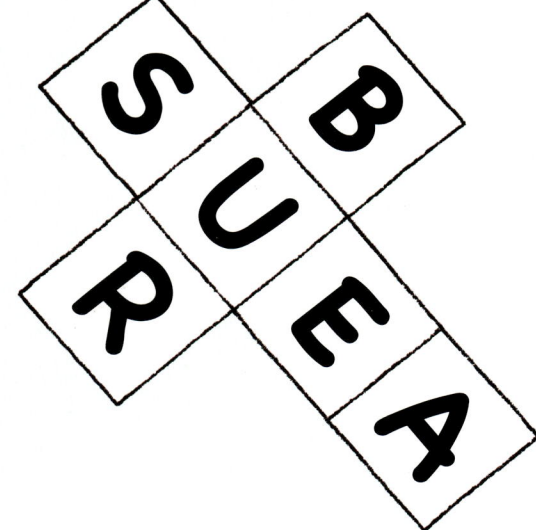

C  D

A  B  C

D  E  F

Das Quadrat oben wurde gedreht. Welches der rechts abgebildeten Quadrate ist es?

Wie viele von den kleinen Würfeln fehlen,
um einen vollständigen großen
Würfel zu erhalten?

Wer erkennt auf Anhieb, durch
welche Zahl das Fragezeichen
ersetzt werden muss?

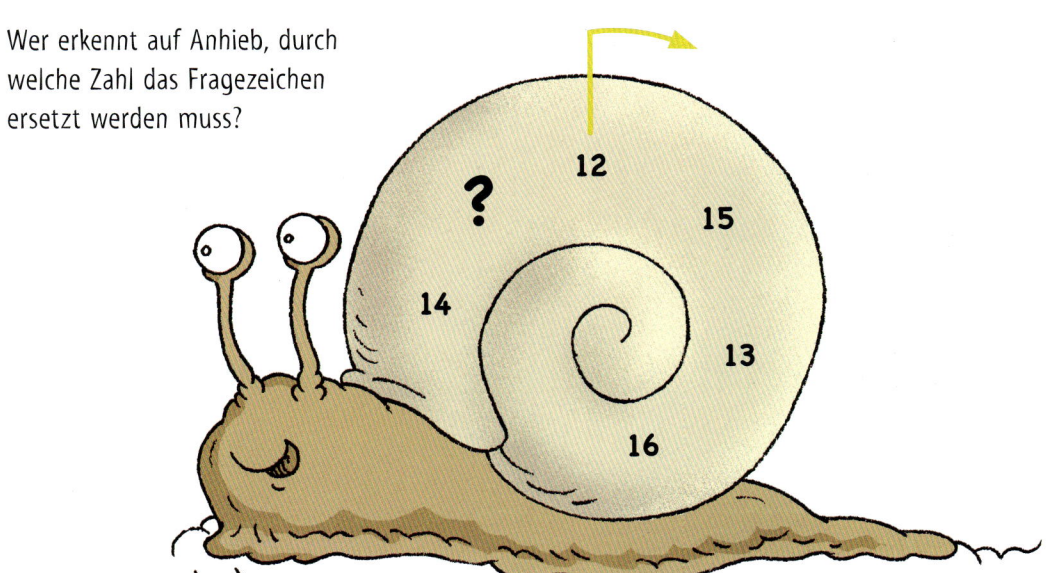

Tipp: Beginnend mit der Zahl 12,
geht man in Pfeilrichtung.

Die Gi-Ga-Geheimschrift

Leichte Geheimschrift für Anfänger

Wer geheime Botschaften versenden möchte, die außer dem Empfänger niemand anderer lesen soll, kann dafür Geheimschriften verwenden. Diese hier eignet sich besonders für Anfänger. Zur Verschlüsselung wird jedem Wort vorn eine Silbe vorangestellt und hinten eine andere Silbe angehängt, zum Beispiel „gi" und „ga".

Der Satz „Heute gibt es Pommes." würde dann zum Beispiel so lauten: „Giheutega gigibtga giesga Gipommesga." Wer den Gi-Ga-Schlüssel nicht kennt, wird einige Schwierigkeiten haben, diesen Satz zu entziffern.

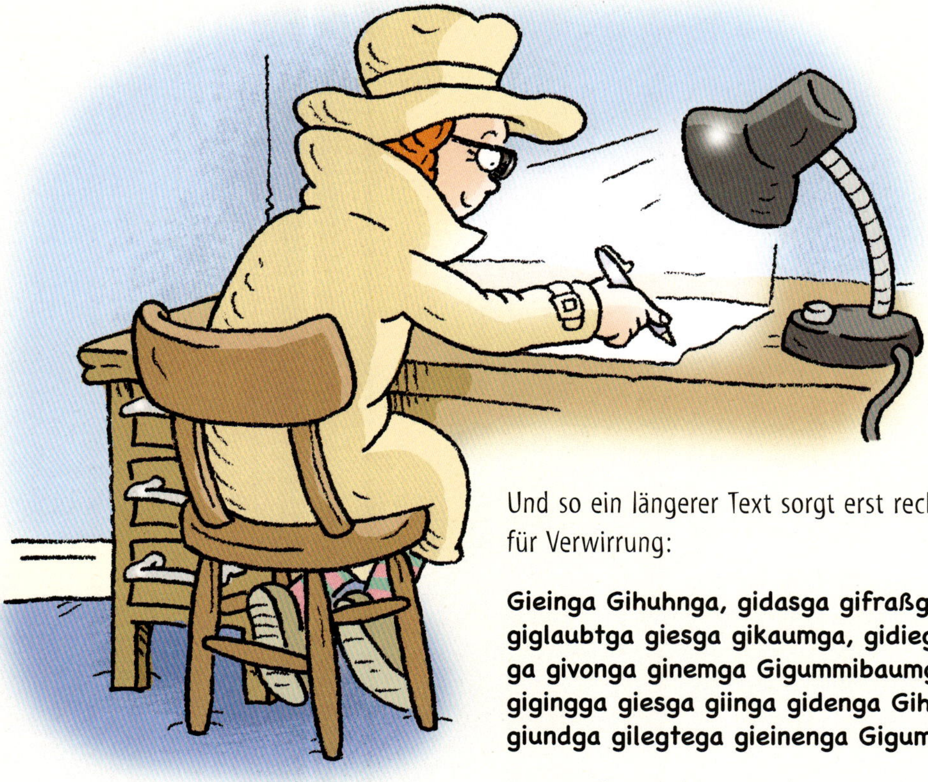

Und so ein längerer Text sorgt erst recht für Verwirrung:

Gieinga Gihuhnga, gidasga gifraßga, gimanga giglaubtga giesga gikaumga, gidiega Giblätterga givonga ginemga Gigummibaumga. Gidannga gigingga giesga giinga gidenga Gihühnerstallga giundga gilegtega gieinenga Gigummiballga.

Wer weiß, was das zu bedeuten hat?

Geheimschrift aus Silben

Diese Geheimschrift erfordert Köpfchen: Wer damit einen Text schreiben will, muss zunächst jedes Wort in Silben zerteilen. Diese werden dann nicht neben-, sondern untereinander geschrieben. „Wollen wir Fußball spielen?" sieht dann beispielsweise so aus:

Ein Text wird in Silben zerteilt und so in eine Geheimschrift verwandelt.

Wol
len
wir
Fuß
ball
spie
len?

Doch es kann auch mehr als ein Satz mit dieser Technik verschlüsselt werden. Dazu reiht man die Silben der nächsten Sätze direkt hinter die des ersten. Was könnte also die folgende Nachricht bedeuten?

WolPaulmal
lenundauf
wirLudem
FußkasBolz
ballwarplatz
spietenauf
len?schonuns.

Hacker-Geheimschrift

Ganz einfach und doch verwirrend: die Hack- oder Hacker-Geheimschrift

Man kann ganz einfach verschlüsselte Botschaften schreiben, wenn man die Trennungen zwischen den Wörtern verändert, die Wörter also „zerhackt". Hier ein Beispiel – so sieht der richtig geschriebene Satz aus:

Meine Mama ist die beste Mutter der Welt.

Und das passiert, wenn man die Hacker-Geheimschrift anwendet:

Me ine ma maist diebe ste mutt erde rwelt.

Wer kann diese Sätze entziffern?

Wen nichg roß binwer deicha stron aut!
Alle shate inend ea uchd iewo che!
Nie mandl iebtm ichs owi eich!

Und wer ist schon Profi und kann eigene Texte (zer-)hacken?

Unsichtbare Tinte

Um einen Text mit dieser Technik zu verschlüsseln, taucht man einen Pinsel in etwas Zitronensaft (oder Essig) und schreibt den Text damit einfach auf ein Blatt Papier. Statt eines Pinsels kann man auch einen sauberen Füllfederhalter nehmen. Es darf nur kein Rest farbiger Tinte in den Zitronensaft (oder den Essig) gelangen, dann funktioniert der Trick nämlich nicht.

Kaum ist die Flüssigkeit getrocknet, verschwindet der Text. Das Blatt sieht wie ein gewöhnliches, leeres Stück Papier aus. Doch wie kann der Empfänger den für ihn bestimmten Text wieder sichtbar machen? Dazu braucht er Hitze, viel Hitze! Am besten nimmt er ein heißes Bügeleisen. Doch Vorsicht: Wegen der Verbrennungsgefahr sollte unbedingt ein Erwachsener Hilfestellung leisten!

Streicht man mit dem heißen Bügeleisen über das Papier, wird die Schrift langsam wieder sichtbar. Das liegt daran, dass die Flüssigkeit, mit der geschrieben wurde, Kohlenstoff enthalten hat. Bei starker Hitze verkohlt die Schrift und erscheint auf dem Papier bräunlich.

Material

- ✓ Zitronensaft (oder Essig)
- ✓ ein Blatt Papier
- ✓ ein Pinsel oder ein gut gesäuberter Füllfederhalter
- ✓ ein Bügeleisen

Eine pfiffige Geheimschrift, die man schon im Mittelalter kannte

Spieler mind. 2

Alter ab 8

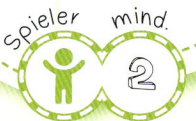

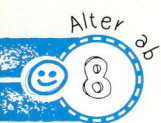

Die Caesar-Verschlüsselung

Material

- etwas Tonkarton
- ein Zirkel
- eine Schere
- ein Stift
- eine Musterklammer für Versandtaschen

Schon früher haben die Menschen Nachrichten, die nicht jeder lesen sollte, verschlüsselt. Eine berühmte Verschlüsselungsmethode stammt vom römischen Feldherrn Julius Caesar höchstpersönlich! Wie die funktioniert? Ganz einfach: Man verschiebt das Alphabet um einige Buchstaben. Caesar hat es beispielsweise gern um vier Buchstaben verschoben. Dann war das **A** ein **D**, das **B** ein **E**, das **C** ein **F** und so weiter.

Ein kaiserliches Vergnügen: Geheimschrift nach römischer Art

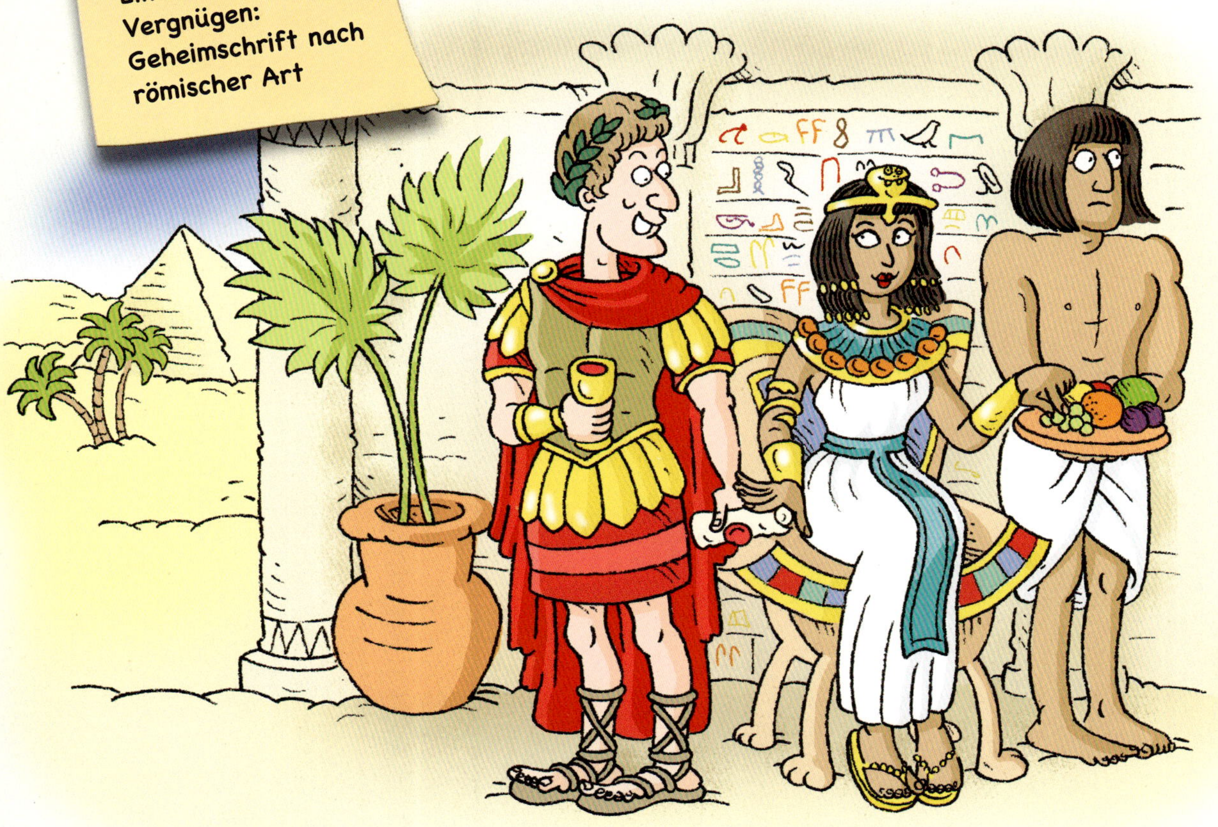

Alter ab 8

Wer diese Technik anwenden, aber nicht jedes Mal das ganze Alphabet durchgehen möchte, kann sich ganz leicht eine Chiffrier-Scheibe bauen:

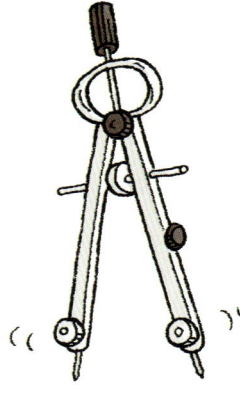

Man schneidet zwei kreisrunde Scheiben aus Tonkarton aus, eine davon muss etwas kleiner als die andere sein. Dann schreibt man an den Rand beider Scheiben das Alphabet. Nun durchbohrt man beide Scheiben in der Mitte und heftet sie mit einer Klammer zusammen. Sie lassen sich nun gegeneinander verschieben. Wer wie Caesar eine Verschlüsselung mit dem Schlüssel „D" verwenden will, schiebt die kleinere Scheibe so, dass das Klartext-A der kleinen Scheibe unter dem Geheimtext-D der großen Scheibe liegt. Jeder beliebige Text lässt sich so ganz einfach ver- und entschlüsseln. Vorausgesetzt natürlich, man kennt den Schlüssel!

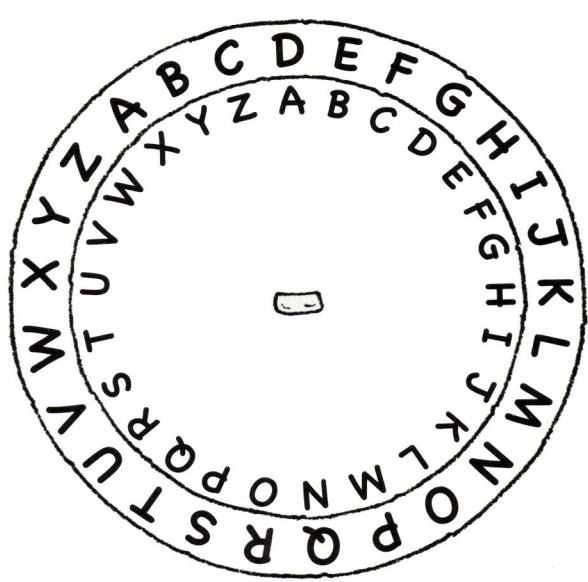

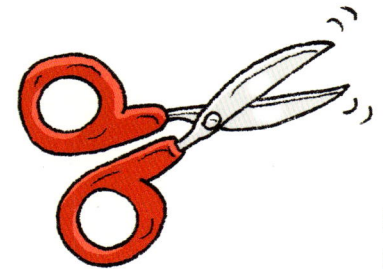

Eine Geheimbotschaft mit dem Schlüssel „D" könnte beispielsweise so aussehen:

SVVW! MXOLXV OLHEW NOHRSDWUD!

Na, wer knackt den Code?

Der Da-Vinci-Code

Material

✔ ein Handspiegel

Eine besondere Geheim-
schrift, die mithilfe eines
Spiegels entschlüsselt
werden kann

Leonardo da Vinci war ein berühmter Künstler und Forscher, um den sich bis heute so manches Geheimnis rankt. Das liegt nicht zuletzt daran, dass er gern in Spiegelschrift schrieb. Wer seine Texte also lesen wollte, musste sich ganz schön anstrengen – oder aber einen Spiegel zur Hand haben!

Wer kann den Text unten lesen?

Schneewittchens eitle Stiefmutter mustert sich im Zauberspiegel.
Als sie ihn fragt: „Spieglein, Spieglein an der Wand,
wer ist die Schönste im ganzen Land?",
antwortet dieser: „Tut mir leid, kann ich nicht sagen, solange du
mir die Sicht versperrst."

Tipp: Der Handspiegel wird rechts ganz nah an den Rand des Textes gehalten. Im Spiegel erscheint der Text dann in Klarschrift.

Wer selbst einmal Nachrichten im „Da-Vinci-Code" verfassen möchte, kann natürlich versuchen, spiegelverkehrt zu schreiben wie Leonardo. Das ist aber ganz schön schwierig. Etwas einfacher und genauso schwer lesbar für nicht Eingeweihte ist es, die Reihenfolge der Buchstaben in den Wörtern zu verändern. Man braucht dann für die Entschlüsselung auch keinen Spiegel, sondern liest den Text einfach von rechts nach links.

Das sieht dann so aus:

.legeipsrebuaZ mi hcis tretsum rettumfeitS eltie snehcttiweenhcS
,dnaW red na nielgeipS ,nielgeipS„ :tgarf nhi eis slA
,"?dnaL neznag mi etsnöhcS eid tsi rew
,negas thcin hci nnak ,diel rim tuT„ :reseid tetrowtna
".tsrrepsrev thciS eid rim ud egnalos

Auch hübsch, nicht wahr?

Potzblitz, der fette Vampir!

Ein Sprechspiel für fixe Rechner und Schnellmerker, die das Einmaleins beherrschen

Dieses Spiel erfordert Köpfchen: Reihum zählen die Kinder durch, beginnend mit 1. Die Zählung wird Runde um Runde fortgesetzt. Doch so einfach, wie das jetzt klingt, ist es nicht. Denn alle Zahlen, die durch 3, 4 oder 5 zu teilen sind, müssen durch Worte ersetzt werden:

„Potz" für alle Zahlen aus dem 1 x 3,
„Blitz" für die aus dem 1 x 4
und **„der fette Vampir"** für alle Zahlen aus dem 1 x 5.

Da muss man schon ganz schön aufpassen, zumal einige Zahlen ja sowohl durch 3 und 4, 3 und 5 oder durch 4 und 5 gleichzeitig teilbar sind. In solchen Fällen sind alle betreffenden Worte nacheinander einzusetzen. Das klingt dann so:

„1, 2, Potz, Blitz, der fette Vampir, Potz, 7, Blitz, Potz, der fette Vampir, 11, Potzblitz, 13, 14, Potz, der fette Vampir, Blitz, 17, ..."

Da kann man schon mal ins Stocken geraten. Aber allzu lange darf die Pause nicht dauern! Wer länger als drei Sekunden zögert oder eine falsche Antwort gibt, scheidet aus. Wer hier als Sieger übrig bleibt, ist wirklich auf Zack!

Scharade

Die Kinder bilden zwei Mannschaften. Dann begeben sie sich kurz in zwei getrennte Räume. Hier überlegen sich beide Teams je zehn Begriffe, die das jeweils gegnerische Team im Anschluss anhand pantomimischer Darstellungen erraten soll. Die Begriffe werden auf Zettel geschrieben. Besonders gut eignen sich zusammengesetze Wörter wie „Froschkönig", „Angsthase" oder „Taucherbrille". Dann falten die Kinder die Zettel und kehren zurück in den gemeinsamen Raum.

Eine der beiden Mannschaften beginnt und stellt einen ersten Pantomime-Spieler. Dieser zieht einen Zettel von der gegnerischen Mannschaft. Sobald er ihn gelesen hat, wird die Sanduhr umgedreht (bzw. der Küchenwecker auf zwei Minuten gestellt). Die Zeit läuft! Der Spieler versucht nun, seinem Team den gesuchten Begriff vorzuspielen – ohne dabei zu sprechen oder andere Laute von sich zu geben! Erraten seine Mitspieler den Begriff innerhalb eines Sanduhr-Durchlaufs (bzw. innerhalb von zwei Minuten), bekommen sie einen Punkt und dürfen direkt mit dem nächsten Suchbegriff weiterspielen. Schaffen sie es nicht, ist die andere Mannschaft dran. Die Mannschaft, die zuerst zehn Punkte erzielt, hat gewonnen.

Material
- ✔ Stifte
- ✔ Papier
- ✔ eine kleine Sanduhr oder ein Küchenwecker

Lustiges Pantomime-Spiel mit Wettstreitcharakter

Material

- ✔ ein Stift
- ✔ mehrere Bindfäden
- ✔ ein Blatt Papier

Ein Stift und mehrere Zeich-ner – ob das gut geht?

Moderne Kunst

Vor Spielbeginn werden mehrere Bindfäden an einem Stift befestigt – ein Faden weniger, als Kinder mitspielen. Dann wird ausgelost, wer in der ersten Runde „Künstler" spielen soll. Der Künstler geht kurz vor die Tür. Die anderen Kinder denken sich nun ein einfaches Bildmotiv aus, zum Beispiel eine Sonne.

Jetzt darf der Künstler wieder hereinkommen. Er nimmt den Stift und hält ihn senkrecht auf das Papier. Die anderen Spieler nehmen jeweils einen Faden in die Hand. Sie ziehen nun vorsichtig an den Fäden und versuchen, die Hand des Künstlers so zu lenken, dass am Ende eine Sonne auf dem Papier erscheint. Ist das Bild fertig, muss der Künstler erraten, was hier zu sehen ist. Ob er das Gekritzel wohl deuten kann?

Spieler mind. 5

Alter ab 4

Was hat sich verändert?

Ein Spieler ist der Spielleiter, die anderen schauen sich im Zimmer um und prägen sich alles genau ein. Dann verlassen sie den Raum. Der Spielleiter stellt nun einen Gegenstand im Zimmer um oder fügt einen neuen hinzu.

Er kann beispielsweise ein Buch auf den Tisch legen oder die Kissen auf dem Sofa tauschen. Wenn er fertig ist, ruft er die anderen Spieler wieder herein. Was ist anders? Wer als Erster die Veränderung bemerkt, hat die Runde gewonnen!

Dieses Spiel erfordert detektivisches Gespür und ein gutes Gedächtnis!

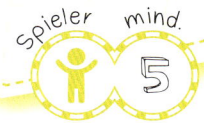

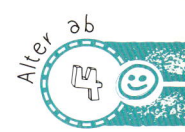

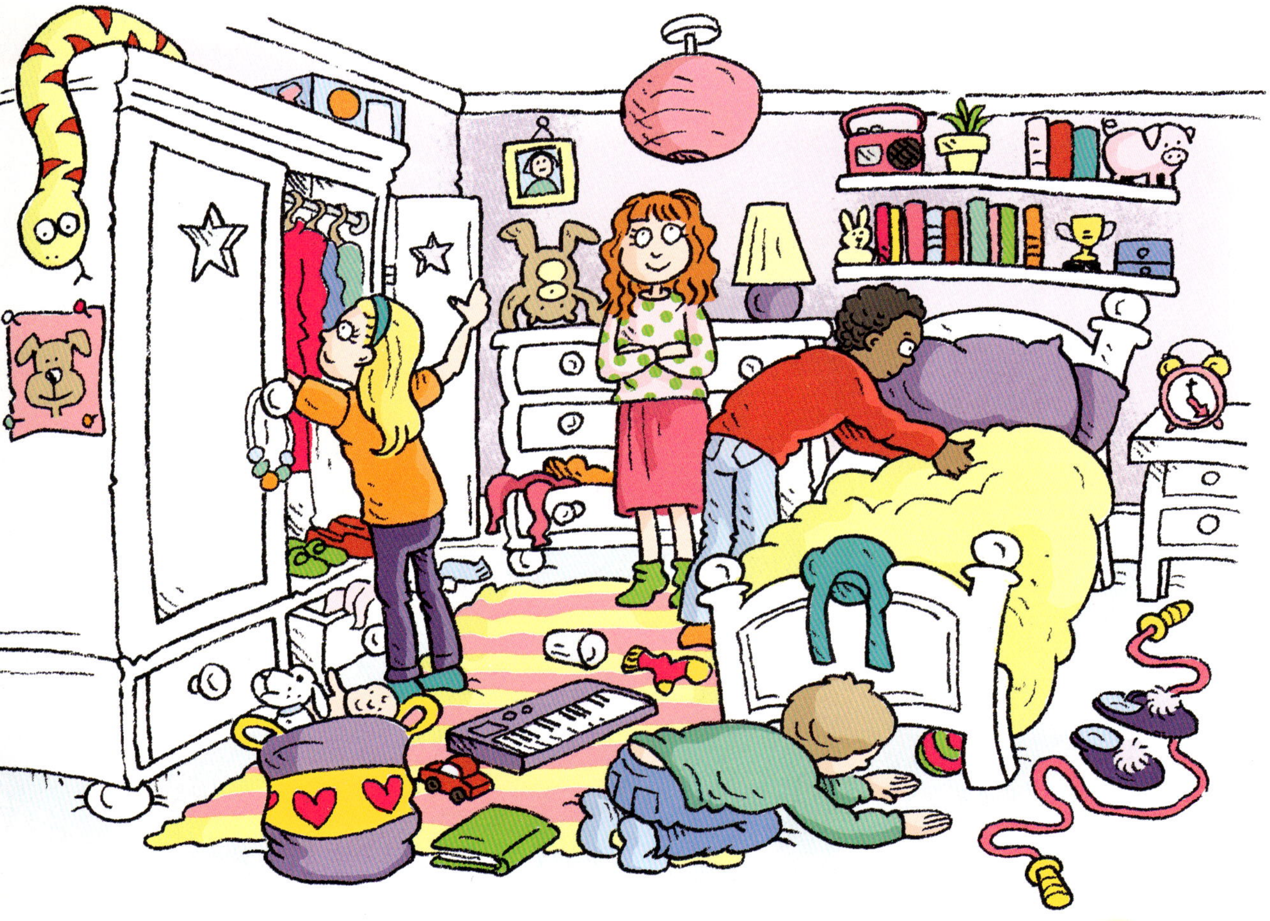

Spieler mind. 4

Alter ab 6

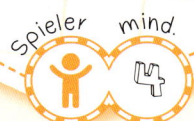

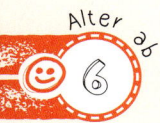

Zeichenstunde

„Stille Post" mal ganz ohne Worte

Die Kinder stellen sich hintereinander auf. Der letzte Spieler denkt sich einen zu erratenden Gegenstand aus – zum Beispiel eine Krone – und zeichnet ihn seinem Vordermann mit dem Finger auf den Rücken. Dieser passt ganz genau auf, denn er soll das Bild gleich auf den Rücken seines eigenen Vordermanns zeichnen. So wird das Bild bis zum vordersten Spieler weitergegeben. Und dieser sagt zum Schluss, was ihm seiner Meinung nach auf den Rücken gezeichnet wurde. Ein Haus? Ein Stern? Eine Kuh? Na, das kann ja heiter werden!

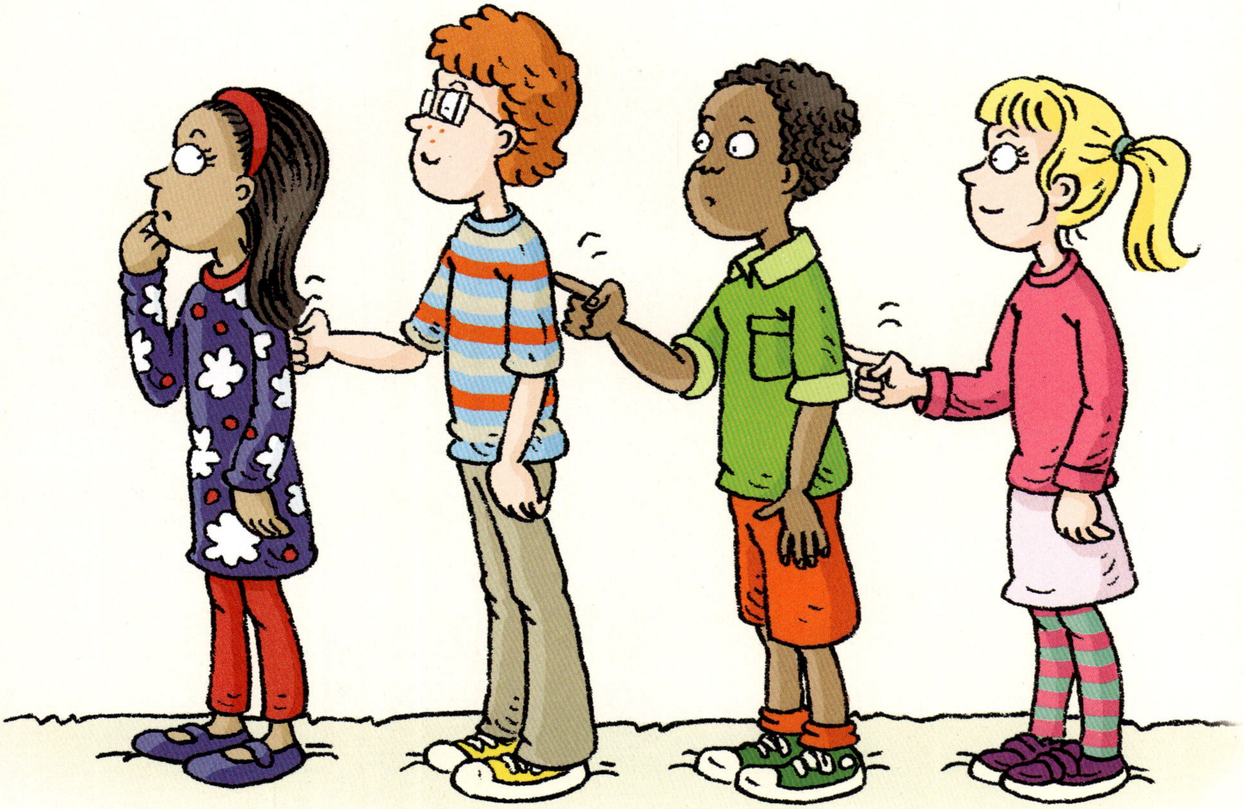

Blubb, blubb

Die Kinder bilden zwei Mannschaften. Dann begeben sie sich kurz in zwei getrennte Räume. Hier überlegen sich beide Teams je zehn Lieder, die das jeweils gegnerische Team im Anschluss anhand der Melodie erkennen soll, zum Beispiel „Alle meine Entchen", „Hänschen, klein" oder aktuelle Lieder aus den Charts. Die Lieder werden auf Zettel geschrieben. Dann falten die Kinder die Zettel zusammen und kehren zurück in den gemeinsamen Raum.

Liederraten unter erschwerten Bedingungen: Die Melodien werden gegurgelt.

Eine der beiden Mannschaften beginnt und stellt einen ersten „Sänger" beziehungsweise „Gurgler". Der zieht einen Zettel der gegnerischen Mannschaft und trägt die Melodie anschließend vor. Aber nicht etwa summend oder pfeifend, sondern eben gurgelnd! Dazu nimmt er einen Schluck Wasser und versucht, die Melodie so gut wie möglich zu treffen. Erraten seine Mitspieler das Lied, bekommen sie einen Punkt und dürfen eine weitere Melodie erraten. Schaffen sie es nicht, ist die andere Mannschaft dran. Die Mannschaft, die zuerst zehn Punkte erzielt, gewinnt.

Teekesselchen

Kniffliges
Begrifferaten
für kluge Köpfe

Tipp: Hier einige Begriffe, die sich gut als Teekesselchen eignen: Bank, Bienenstich, Boxer, Drache, Eselsohr, Fliege, Glas, Hahn, Hamburger, Hühnerauge, Katzenauge, Maus, Netz, Pferdeschwanz

Die Kinder setzen sich im Kreis zusammen. Ein Kind beginnt. Es überlegt sich einen Begriff, der zwei verschiedene Bedeutungen hat, zum Beispiel „Löwenzahn": eine Pflanze und der Zahn eines Löwen. Diesen Begriff behält das Kind für sich, denn er soll nun von den anderen Spielern erraten werden.

Dazu umschreibt das Kind seinen Begriff, ohne ihn zu nennen. Stattdessen darf es das Wort „Teekesselchen" sagen. Etwa so: „Mein Teekesselchen ist ganz schön scharf." Die Spieler versuchen nun zu erraten, um was es geht. Kommen sie nicht auf die Lösung, wird der Begriff weiter umschrieben, zum Beispiel so: „Mein Teekesselchen steht auf der Wiese." Das geht immer so weiter, bis der Begriff schließlich erraten wurde. Für jede Umschreibung, die nicht zur Lösung geführt hat, erhält das Kind einen Punkt. Wer wird am Ende wohl die meisten Punkte gesammelt haben?

Mittwochs-Maler

Die Kinder teilen sich in zwei gleich große Mannschaften auf. Abwechselnd darf sich pro Runde ein Spieler jeder Mannschaft einen Begriff überlegen. Dieser Begriff kann zum Beispiel einen Gegenstand, ein Tier oder einen Beruf beschreiben. Ob „Teelöffel", „Seehund" oder „Baggerfahrer" – der Begriff wird nicht verraten, sondern stattdessen gezeichnet.

Nun sind die Mitspieler beider Mannschaften gefragt: Sie sollen so schnell wie möglich herausfinden, was hier gemalt wird. Wer glaubt, es zu wissen, ruft seine Lösung laut aus. Liegt er richtig, bekommt er einen Punkt. Achtung: Errät jemand aus der gegnerischen Mannschaft den Begriff, geht der Punkt dorthin.

Material

✓ Papier und Stifte

✓ oder eine Tafel und Kreide

Ein gesuchter Begriff wird aufgezeichnet.

Tipp: Profis nehmen gern zusammengesetzte Begriffe wie „Puppenhaus", „Regenwurm" oder „Schlossgespenst".

Dance, dance, dance!

Material

✔ ein CD- oder MP3-Player mit Kopf- hörern

Bei diesem Spiel ist Rhythmus- gefühl gefragt.

Ein Kind erhält einen CD- oder MP3-Player mit bekannten Liedern darauf. Das können beispielsweise die Lieblingssongs des Gastgebers sein. Nun setzt das Kind die Kopfhörer auf und sucht sich eines der Lieder aus, ohne den anderen den Titel zu verraten.

Sobald die Musik läuft, beginnt es zu tanzen und achtet darauf, sich passend zum Takt zu bewegen. Die anderen Kinder sollen nun erraten, um welches Lied es sich handelt. Wenn sie glauben, den Song erkannt zu haben, rufen sie den Titel (oder auch den Interpreten) laut aus. Selbstverständlich darf das tanzende Kind seine Musik nur so laut aufdrehen, dass es die anderen noch hören kann! Brauchen diese zu lange, um das richtige Lied zu erraten, darf ihnen das Kind helfen, indem es beispielsweise die Lippen synchron zum Text bewegt oder indem es pantomimisch darstellt, worum es in dem Lied geht.

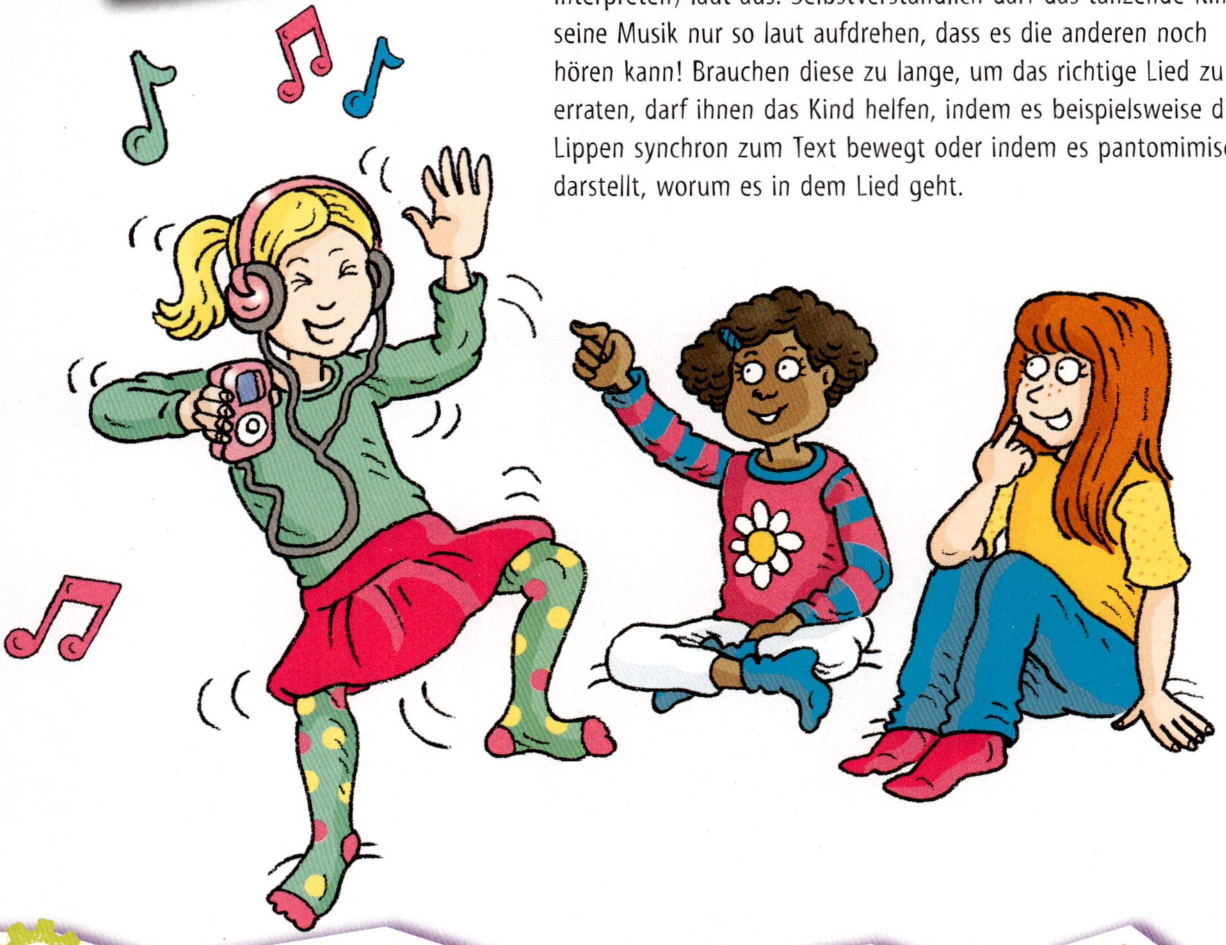

Knall, Puff, Peng – das Geräusche-Hörspiel

Die Kinder teilen sich in zwei Mannschaften auf. Dann begeben sie sich kurz in zwei getrennte Räume. Hier überlegen sich beide Teams eine kleine Geschichte oder ein Ereignis, das sie der jeweils anderen Gruppe nur mit Geräuschen vorführen möchten. Denkbar wäre zum Beispiel eine Nachtszene, in der eine Mücke totgeschlagen werden soll. Man könnte diese Geschichte durch Schnarchen, Summen und Klatschen darstellen.

Sobald sich beide Teams auf ihre Geschichten geeinigt und die dazu passenden Geräusche festgelegt haben, begeben sie sich wieder in den Gemeinschaftsraum. Dort beginnt die erste Mannschaft mit dem „Hörspiel". Kann das gegnerische Team erraten, worum es geht?

> **Für dieses Ratespiel muss man die Ohren spitzen.**

Alter ab 7

verrückter Zoo

Material
- ✔ Papier
- ✔ Stifte

Niugnip, Effa und Ewöl? Was sind denn das für komische Tiere?

Ein Kind ist der Spielleiter, die anderen setzen sich im Kreis zusammen. Der Spielleiter verteilt an alle Kinder Stifte und kleine Zettel. Die Kinder sollen nun jeweils einen Tiernamen in Großbuchstaben auf das Papier schreiben – und zwar einmal ganz normal und einmal rückwärts. Beispielsweise so:

PINGUIN NIUGNIP

Dann werden die Zettel gefaltet und vom Spielleiter eingesammelt. Er zieht nun den ersten Zettel und liest den darauf stehenden Tiernamen rückwärts vor. Die Kinder sollen erraten, um welches Tier es sich wohl handelt. Leichter gesagt als getan! Haben sie das erste Tier richtig erraten, geht es sogleich mit dem nächsten weiter und immer so fort. Es versteht sich, dass das Kind, dessen Zettel gerade vorgelesen wird, sich zurückhält.

Spieler mind. 4

Alter ab 6

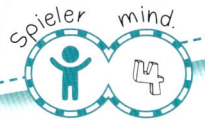

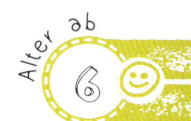

Wer ist der Dieb?

Alle setzen sich im Kreis zusammen, bis auf ein Kind – das ist der „Detektiv". In die Mitte des Kreises werden verschiedene Kleidungsstücke gelegt, zum Beispiel Schuhe, Socken, eine Jacke, ein Gürtel und so weiter. Der Detektiv prägt sich nun alle Kleidungsstücke genau ein und verlässt anschließend den Raum.

Jetzt wird eines der Kinder im Kreis zum „Dieb": Es wählt sich ein Kleidungsstück aus und tauscht die Sachen. Wählt es beispielsweise eine Socke, so zieht es die eigene Socke aus und die aus der Kreismitte an. Die eigene Socke wird auf den Haufen gelegt. Dann wird der Detektiv zurückgerufen. Er muss nun herausfinden, was im Kreis gestohlen wurde und wer der Dieb ist. Dazu prüft er alles und jeden genau. Kann er den Täter identifizieren, wird dieser zum neuen Detektiv und das Spiel beginnt von vorne.

Material

- ✓ verschiedene Kleidungsstücke

Ganz genau hinschauen muss man bei diesem Detektivspiel!

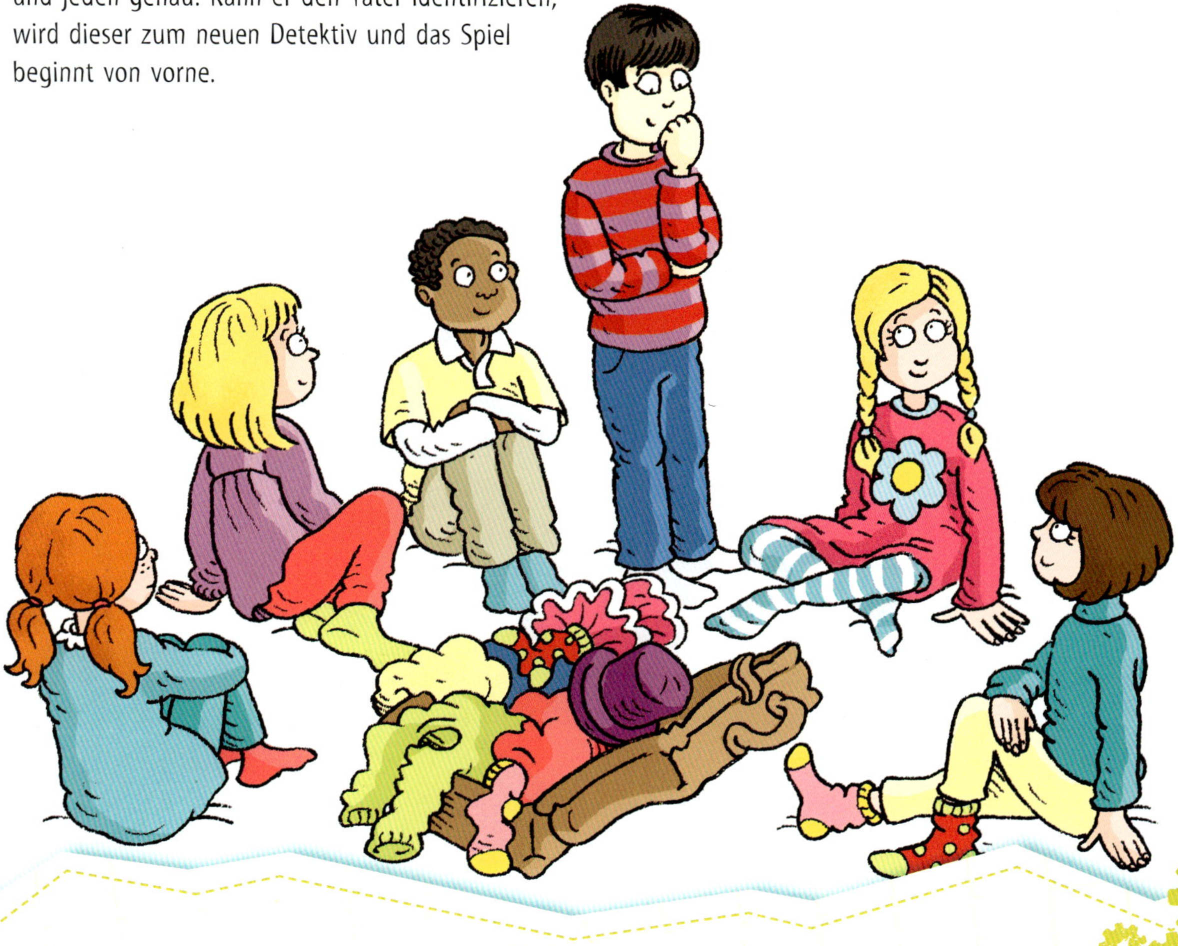

Spieler mind.

8

(2 Mannschaften)

Alter ab

4

Schattenrisse

Vor Spielbeginn müssen ein paar Vorbereitungen getroffen werden: Ein großes weißes Laken wird aufgehängt und dahinter eine Lampe platziert. Dann wird der Raum abgedunkelt.

Die Kinder teilen sich jetzt in zwei Gruppen auf. Die Kinder der einen Gruppe verlassen den Raum, die der anderen setzen sich vor die „Leinwand". Die Kinder draußen schicken nun eines wieder hinein, das sich hinter die Leinwand stellt, sodass sein Schatten darauffällt. Die Gruppe davor muss erraten, um welches Kind es sich hier handelt. Dieses darf zuvor auch etwas an sich verändert haben. Beispielsweise könnte es sich einen Zopf gebunden, eine Mütze oder eine Brille aufgesetzt haben. Werden die anderen es trotzdem erkennen?

Material

✔ ein großes weißes Bettlaken

✔ ein Stück Wäscheleine

✔ ein paar Wäscheklammern

✔ ein Raum, der sich abdunkeln lässt

✔ eine Lichtquelle (Tischleuchte, Taschenlampe od. Ähnliches)

Anhand der Schattenrisse sollen die Mitspieler erkannt werden.

Tipp: Damit die Kinder draußen auch ihren Spaß haben, dürfen sie natürlich zur Tür hineinlugen. Sie sollten die Tür bloß nicht zu weit öffnen, damit die anderen Kinder sie nicht sehen können.

Spieler mind. 2

Alter ab 8

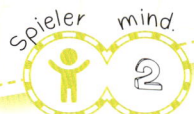

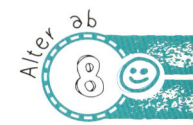

Ich weiß es genau!

Anhand einer einfachen kleinen Rechenformel kann man ermitteln, welche Augenzahl der Spielpartner verdeckt mit zwei Würfeln geworfen hat. Und das geht so: Der Mitspieler bekommt den Auftrag, die Augen eines Würfels zu verdoppeln, 5 hinzuzuzählen und das Ganze mit 5 malzunehmen. Die Augen des zweiten Würfels werden hinzugezählt. Von der Summe, die der Spielpartner nach mühsamer Rechnerei nun nennt, zieht man einfach 25 ab. Unglaublich, aber wahr: Damit steht das Ergebnis schon fest!

Dazu ein Beispiel: Der Spielpartner hat „3" und „4" gewürfelt.
Er verdoppelt die 3, das ergibt 6, zählt 5 hinzu, ergibt 11, multipliziert mit 5, ergibt 55. Nun noch die 4 hinzuzählen, ergibt 59. Zieht man davon 25 ab, bleibt die Zahl 34 übrig. Aha, der Mitspieler hat also tatsächlich eine „3" und eine „4" gewürfelt!

Material

✔ zwei Würfel

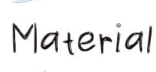

Wie man ganz leicht zum Hellseher wird!

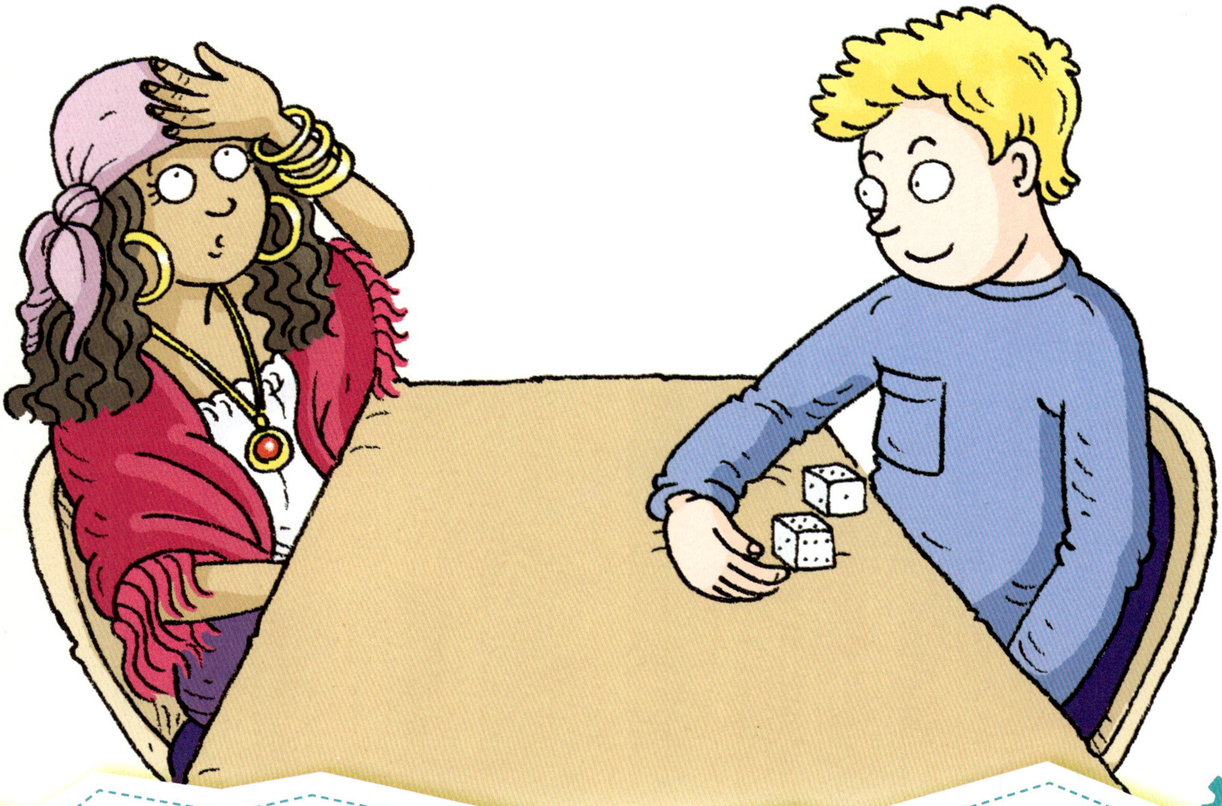

Lösungen

Seite 4a: Mit dem Vater

Seite 4b: Jimmy und Johnny sind keine Zwillinge, sondern Drillinge. Der Bruder der beiden ist aber brav zu Hause geblieben.

Seite 5a: An kalten Tagen ganz viel Rauch!

Seite 5b: Alle humpeln mit einem nackten Fuß zum Feuer. Warum? Wenn die neun Feuerwehrleute nur in neun Stiefel geschlüpft sind, hat jeder von ihnen einen zu wenig an.

Seite 6a: Eine Schnecke

Seite 6b: Der Mond

Seite 7a: Weil es mehr weiße als schwarze Schafe gibt.

Seite 7b: Ein Loch

Seite 7c: Mann über Bord!

Seite 7d: Beides ist gleich schwer.

Seite 8a: Eine, danach ist es nicht mehr leer.

Seite 8b: Donnerstag

Seite 8c: Beide – oder keiner, denn 90 Minuten sind 1 Stunde und 30 Minuten.

Seite 9: Lars fährt einen Kombi und parkt auf dem Parkplatz. Malte fährt das Cabrio, er parkt es in der Garage. Max gehört der Jeep, er lässt ihn auf der Straße stehen.

Seite 10a: Man füllt die Gläser fünf und sieben in die Gläser zwei und vier um und stellt die nun leeren Gläser an ihren Platz zurück.

Seite 10b: 30 Kilometer

Seite 11: Der Schnitt führt mitten durch zwei Pizzastücke. Jedes der vier Mädchen erhält ein großes und ein kleines Stück.

Seite 12: Der Enkel darf bleiben und sogar ein Bier trinken. Er ist 18, der Vater 44 und der Großvater 73 Jahre alt. Wie der Wirt darauf gekommen ist? Ganz einfach: Man rechnet die 62 Jahre und die 91 Jahre zusammen und erhält so 153 Jahre – dieses Alter setzt sich aus 1x dem Vater, 1x dem Großvater und 2x dem Jungen zusammen. Von den 153 Jahren zieht man dann den Vater und den Großvater wieder ab, also 153 minus 117. Übrig bleibt 2x der Junge mit 36 Jahren. Teilt man 36 durch 2, erhält man das Alter des Jungen: 18. Will man nun noch herausfinden, wie alt Vater und Großvater sind, zieht man jeweils von 62 und 91 Jahren die 18 Jahre ab.

Seite 13a: Mit 60 km/h legt ein Auto in 10 Minuten 10 Kilometer zurück. Bei doppelter Geschwindigkeit schafft es in derselben Zeit 20 Kilometer. Der Berg zog sich also über insgesamt 30 Kilometer hin.

Seite 13b: Den Tunnel! Trotz der 10-minütigen Wartezeit spart er 5 Minuten ein.

Seite 14:

 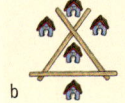

Seite 15:

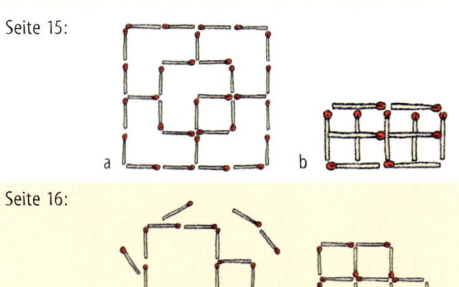

a   b

Seite 16:

a   b

Seite 17a: Ihr alter Auslauf war einen Meter breit und zehn Meter lang, er hatte damit eine Fläche von zehn Quadratmetern. Verändert sie den Auslauf so, dass er fünf Meter breit und sechs Meter lang ist, verdreifacht sich die Fläche auf 30 Quadratmeter.

Seite 17b:

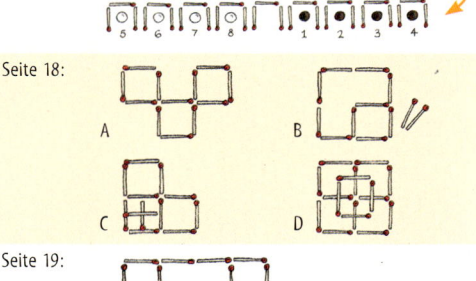

Seite 18:

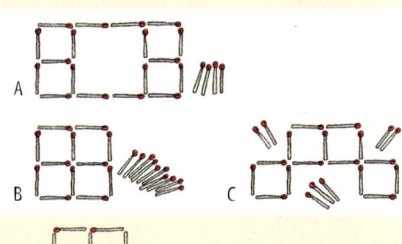

A   B

C   D

Seite 19:

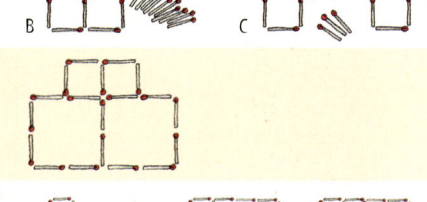

A

B   C

Seite 20a:

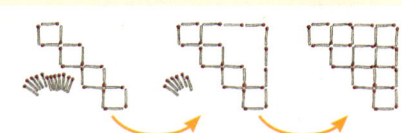

Seite 20b:

Seite 26–29:

Seite 30–31:

Seite 32:   Sudoku 1   Sudoku 2

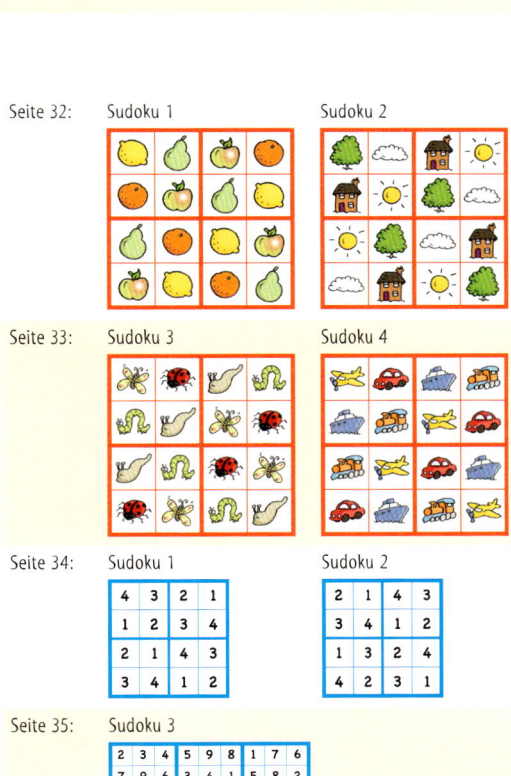

Seite 33:   Sudoku 3   Sudoku 4

Seite 34:   Sudoku 1   Sudoku 2

4	3	2	1
1	2	3	4
2	1	4	3
3	4	1	2

2	1	4	3
3	4	1	2
1	3	2	4
4	2	3	1

Seite 35:   Sudoku 3

2	3	4	5	9	8	1	7	6
7	9	6	3	4	1	5	8	2
5	1	8	6	7	2	9	3	4
9	6	2	7	1	5	8	4	3
8	5	3	4	6	9	7	2	1
4	7	1	2	8	3	6	9	5
1	2	5	8	3	7	4	6	9
3	4	7	9	5	6	2	1	8
6	8	9	1	2	4	3	5	7

Seite 36a: Seite 36b:

Seite 37a: Man bräuchte 17 kleine Würfel, um den großen Würfel zu komplettieren.

Seite 37b: Es ist die 7. Man multipliziert die linke Zahl mit der rechten und zieht die untere Zahl davon ab. Das Ergebnis ist die obere Zahl.

Seite 38a: Seite 38b:

Seite 39a: Man bräuchte 21 kleine Würfel, um den großen Würfel zu komplettieren.

Seite 39b: 17 – erst werden 3 addiert, dann 2 subtrahiert (immer im Wechsel)

Seite 40:   Ein Huhn, das fraß, man glaubt es kaum, die Blätter von 'nem Gummibaum. Dann ging es in den Hühnerstall und legte einen Gummiball.

Seite 41:   Wollen wir Fußball spielen? Paul und Lukas warten schon mal auf dem Bolzplatz auf uns.

Seite 42:   Wenn ich groß bin, werde ich Astronaut! Alles hat ein Ende, auch die Woche! Niemand liebt mich so wie ich!

Seite 44–45: PSST! JULIUS LIEBT KLEOPATRA!

Seite 46–47: Schneewittchens eitle Stiefmutter mustert sich im Zauberspiegel. Als sie ihn fragt: „Spieglein, Spieglein, an der Wand, wer ist die Schönste im ganzen Land?", antwortet dieser: „Tut mir leid, kann ich nicht sagen, solange du mir die Sicht versperrst."

© Schwager & Steinlein Verlag GmbH
Emil-Hoffmann-Str. 1, D-50996 Köln
Texte: Petra Kulbatzki
Illustrationen: Gemma Hastilow
Layout und Satz Innenteil: Kontrapunkt Satzstudio Bautzen
Gesamtherstellung: Schwager & Steinlein Verlag GmbH